CARNETS DE NATURE

LE JARDINAGE
LES PLANTES D'INTÉRIEUR

Alain Delavie

Illustrations de Nathalie Locoste
Couverture : Frédéric Pillot

MILAN

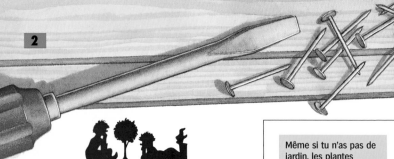

Comment utiliser ton carnet

Ton carnet a été conçu pour que tu puisses le consulter aisément : grâce à son petit format, tu peux facilement le glisser dans ta poche ou dans ton sac, et l'avoir ainsi toujours avec toi quand tu souhaites acheter une nouvelle plante ou t'occuper de celles que tu possèdes déjà.

Ton carnet t'apprend tout ce qu'il faut savoir sur les plantes d'intérieur. Où les trouver, comment les choisir et bien les installer chez toi, quels outils utiliser. Il t'indique ensuite différents types de plantes, en te précisant les soins à leur apporter. Enfin, il te donne des idées de cultures plus originales et tous les conseils pour garder tes plantes en pleine forme. Découvre vite les joies du jardinage dans la maison !

Même si tu n'as pas de jardin, les plantes d'intérieur te permettent de vivre toute l'année dans un décor étonnant, toujours vert et fleuri, qui rappelle les tropiques et la jungle. Tourne les pages et tu découvriras qu'il n'est pas compliqué d'avoir de belles plantes.

● des **informations** plus détaillées sur chaque plante ;

● quand c'est utile, des **gros plans** qui t'aident à reconnaître les plantes et fleurs citées, ou te montrent comment procéder pour des opérations un peu délicates.

Sommaire

Chaque double page te présente plusieurs plantes d'intérieur, la façon de les faire pousser et de les soigner.

Pour chacune de ces plantes, tu trouveras :

● son **nom**, également répertorié dans l'index de la page 30 ;

● un **texte général** qui te présente les particularités de ce groupe de plantes et te donne des indications sur leur culture ;

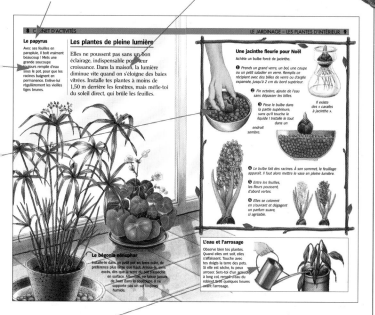

Le papyrus

Avec ses feuilles en parapluie, il boit vraiment beaucoup ! Mets une grande soucoupe toujours remplie d'eau sous le pot, pour que les racines baignent en permanence. Enlève-lui régulièrement les vieilles tiges brunes.

Les plantes de pleine lumière

Elles ne poussent pas sans un bon éclairage, indispensable pour leur croissance. Dans la maison, la lumière diminue vite quand on s'éloigne des baies vitrées. Installe tes plantes à moins de 1,50 m derrière les fenêtres, mais méfie-toi du soleil direct, qui brûle les feuilles.

Une jacinthe fleurie pour Noël

Achète un bulbe forcé de jacinthe.

❶ Prends un grand verre, un bol, une coupe ou un petit saladier en verre. Remplis ce récipient avec des billes de verre ou d'argile expansée, jusqu'à 2 cm du bord supérieur.

❷ Fin octobre, ajoute de l'eau sans dépasser les billes.

Il existe des « carafes à jacinthe ».

❸ Pose le bulbe dans la partie supérieure, sans qu'il touche le liquide ! Installe le tout dans un endroit sombre.

❹ Le bulbe fait des racines. À son sommet, le feuillage apparaît, il faut alors mettre la vase en pleine lumière.

❺ Entre les feuilles, les fleurs poussent, d'abord vertes.

❻ Elles se colorent en s'ouvrant et dégagent un parfum suave, si agréable.

Le bégonia nénuphar

Installe-le dans un petit pot en terre cuite, de préférence plus large que haut. Arrose-le, sans excès, dès que la terre du pot s'assèche en surface. Attention, ne laisse jamais de l'eau dans la soucoupe, il ne supporte pas un sol toujours humide.

L'eau et l'arrosage

Observe bien tes plantes. Quand elles ont soif, elles s'affaissent. Touche avec tes doigts la terre des pots. Si elle est sèche, tu peux arroser. Sers-toi d'un arrosoir à long col, rempli d'eau du robinet tirée quelques heures avant l'arrosage.

● Des **encadrés** te donnent des indications complémentaires, des conseils pour bien cultiver ton petit jardin d'intérieur ou te proposent d'autres activités à réaliser dans ta maison.

Page 30, un index te permet de retrouver rapidement la plante de ton choix, ou une notion générale concernant le jardinage dans la maison et de cocher au fur et à mesure de tes plantations.

Les plantes d'intérieur

Elles n'ont pas été créées spécialement pour la vie dans la maison. La plupart d'entre elles proviennent des pays tropicaux, où elles s'épanouissent en pleine nature. Elles ont été acclimatées par les horticulteurs à ce mode particulier de culture en pot, sous abri. Même si une plante n'a jamais vécu dans son milieu naturel et semble adaptée à la vie dans la maison, elle reste conditionnée par son environnement d'origine.

Fais le bon choix

Pour un premier essai, achète des jeunes plantes, moins chères et plus faciles à acclimater. Les espèces fleuries ont souvent une durée de vie plus limitée que les plantes vertes. Les végétaux doivent être adaptés à la place dont tu disposes et aux conditions de vie qui règnent chez toi. Ils doivent s'intégrer au décor de ta maison, sans envahir l'espace.

Un transport délicat

En été, ne laisse pas tes plantes enfermées dans la voiture, en plein soleil. En hiver, attention aux chutes de température quand tu les transportes dehors. Il est prudent de les emballer.

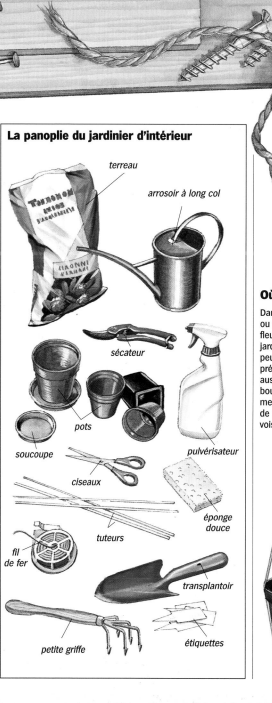

La panoplie du jardinier d'intérieur

terreau

arrosoir à long col

sécateur

pots

soucoupe

ciseaux

pulvérisateur

tuteurs

éponge
douce

fil
de fer

transplantoir

petite griffe

étiquettes

Où les trouver ?

Dans une grande surface, ou de préférence chez un fleuriste ou dans une jardinerie, où le vendeur peut te donner de précieux conseils. Tu peux aussi obtenir des boutures auprès d'un membre de ta famille, de tes amis ou de tes voisins.

Les increvables

Avec elles, aucun problème. Ce sont les plus faciles à entretenir. Même si tu les oublies et les négliges un peu, elles seront tes compagnes pendant de nombreuses années.

Installe bien tes plantes

• L'emplacement : éloigne tes plantes des radiateurs, des portes (à cause des courants d'air) et des vitres.
• La bonne exposition lumineuse : toutes les plantes n'ont jamais trop de lumière. Mais le soleil n'est pas utile, car souvent il brûle le feuillage.
• La température : celle de la maison, entre 15 et 20 °C, est idéale. Plus il fait chaud, plus il faut arroser souvent.

L'aspidistra

Peu exigeant, il vit bien à l'ombre ou à mi-ombre, à l'abri du soleil. Laisse sécher la terre du pot avant d'arroser une nouvelle fois. Il faut le rempoter quand les racines sortent à la surface du sol.

Le sansevière

Cette plante grasse aime un emplacement éclairé, derrière une baie vitrée ensoleillée. Elle résiste à la sécheresse. Un arrosage tous les 15 jours est suffisant. Tous les 6 mois, nettoie les feuilles avec une éponge humide.

Le cactus de Noël

Trouve-lui une place dans une pièce lumineuse, à l'abri du soleil. La terre du pot doit toujours être à peine humide. En automne, ne déplace pas la potée, cela fait tomber les boutons de fleurs.

Une sculpture végétale

Achète un gabarit (il existe des formes en sphère, en lapin, en oiseau, etc.), 3 pieds de lierre, vert ou panaché, et un pot de 18 cm de diamètre avec une soucoupe.

❶ *Remplis la potée avec du terreau pour plantes vertes, puis pose le gabarit sur la terre.*

❷ *Repique les lierres tout autour. Arrose.*

❸ Attache les tiges des lierres sur le support (un lien tous les 5 cm).

Place ta potée dans une pièce claire, peu chauffée en hiver. C'est terminé !

Palisse régulièrement les nouvelles pousses. En quelques mois, tout le gabarit sera recouvert.

Le papyrus

Avec ses feuilles en parapluie, il boit vraiment beaucoup ! Mets une grande soucoupe toujours remplie d'eau sous le pot, pour que les racines baignent en permanence. Enlève-lui régulièrement les vieilles tiges brunes.

Les plantes de pleine lumière

Elles ne poussent pas sans un bon éclairage, indispensable pour leur croissance. Dans la maison, la lumière diminue vite quand on s'éloigne des baies vitrées. Installe tes plantes à moins de 1,50 m derrière les fenêtres, mais méfie-toi du soleil direct, qui brûle les feuilles.

Le bégonia nénuphar

Installe-le dans un petit pot en terre cuite, de préférence plus large que haut. Arrose-le, sans excès, dès que la terre du pot s'assèche en surface. Attention, ne laisse jamais de l'eau dans la soucoupe. Il ne supporte pas un sol toujours humide.

Une jacinthe fleurie pour Noël

Achète un bulbe forcé de jacinthe.

❶ *Prends un grand verre, un bol, une coupe ou un petit saladier en verre. Remplis ce récipient avec des billes de verre ou d'argile expansée, jusqu'à 2 cm du bord supérieur.*

❷ *Fin octobre, ajoute de l'eau sans dépasser les billes.*

Il existe des « carafes à jacinthe ».

❸ *Pose le bulbe dans la partie supérieure, sans qu'il touche le liquide ! Installe le tout dans un endroit sombre.*

❹ *Le bulbe fait des racines. À son sommet, le feuillage apparaît. Il faut alors mettre le vase en pleine lumière.*

❺ *Entre les feuilles, les fleurs poussent, d'abord vertes.*

❻ *Elles se colorent en s'ouvrant et dégagent un parfum suave, si agréable.*

L'eau et l'arrosage

Observe bien tes plantes. Quand elles ont soif, elles s'affaissent. Touche avec tes doigts la terre des pots. Si elle est sèche, tu peux arroser. Sers-toi d'un arrosoir à long col, rempli d'eau du robinet tirée quelques heures avant l'arrosage.

Les reines de l'ombre

Elles se contentent d'une pièce sans soleil ou d'un couloir peu éclairé. Mais ne les enferme pas dans l'obscurité totale, elles ne survivraient pas ! Pense à les tourner régulièrement pour que le feuillage reçoive assez de lumière et pousse de façon équilibrée.

La fougère-houx

Elle ressemble à tout sauf à une fougère ! Elle apprécie une pièce fraîche, et des arrosages copieux. Et si ta plante présente des petites boursouflures marron sous les feuilles, pas de panique, ce n'est pas une maladie : ce sont les minuscules organes reproducteurs.

Le dragonnier

Robuste, il redoute cependant les courants d'air glacés et les excès d'humidité. Laisse la terre du pot s'assécher en surface avant d'arroser. Il est normal que les jeunes feuilles du bas tombent peu à peu : la plante forme son tronc.

L'aralia-lierre

Il pousse tout en hauteur. Place-le dans l'angle d'une pièce fraîche. Sa croissance est rapide. Tuteure régulièrement les jeunes pousses un peu fragiles. Pulvérise souvent de l'eau sur et sous les feuilles quand il fait chaud.

Le rempotage

Après des mois de culture dans le même pot, la plante épuise le sol et sa croissance se ralentit. Il faut la replanter dans un contenant plus grand (2 cm de diamètre en plus), avec un apport de terreau « neuf ». Rempote au printemps, quand la croissance redémarre.

❶ *Installe-toi sur une feuille de plastique posée sur le sol. Vérifie que tu as tout ton matériel.*

❷ *Place une couche de drainage (par exemple des billes d'argile expansée) au fond du nouveau bac, sur 3 à 5 cm d'épaisseur.*

❸ *Dépose une couche de terre.*

❹ *Dépote la plante en retournant le pot et en saisissant la tige sous les feuilles.*

Choisir le terreau

Dans le commerce, on trouve des mélanges de terre élaborés pour les plantes d'intérieur. La terre de bruyère est réservée aux végétaux aimant un sol acide.

❺ *Coupe les racines mortes ou abîmées.*

❻ *Installe la motte dans le bac et remplis le pot de terre sans atteindre le rebord.*

❼ *Tasse avec la main. Arrose copieusement.*

Les plantes fleuries

Elles durent beaucoup plus qu'un bouquet de fleurs et apportent de la couleur dans la maison. Mais elles sont plus exigeantes en lumière et en engrais que les plantes vertes. Chouchoute-les bien et elles refleuriront tous les ans.

La violette du Cap

Pour bien fleurir, elle doit être cultivée juste derrière une baie vitrée, en pleine lumière. Tu peux la laisser 2 ans dans son pot avant de la rempoter dans un contenant à peine plus grand. Arrose-la modérément.

Un jardin d'eau

C'est un décor original, qui, bien installé, ne demande que très peu de soins pour prospérer.
Il te faut un aquarium, plus haut que large, de 60 à 80 cm de long, des pierres plates et du sable.

Les plantes

Choisis des jeunes plants.

Le papyrus   Le spathiphyllum   L'acorus

Complète le décor avec des plantes aquatiques flottantes (lentilles, salvinias, etc.) et de la mousse de Java.

❶ *Installe la cuve près d'une fenêtre, sur un support stable.*

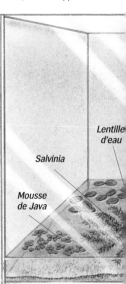

Lentille d'eau

Salvinia

Mousse de Java

L'impatiente

Cultive-la dans un petit pot, un peu à l'étroit, et donne-lui un engrais pour plantes fleuries tous les 10 jours, de mars à octobre. Installe-la près d'une fenêtre, sans soleil direct et arrose dès que le sol s'assèche.

Un engrais adapté

Les réserves nutritives du sol s'épuisent vite en pot. Pour nourrir tes plantes, apporte-leur un engrais une fois tous les 15 jours, de mai à septembre. Respecte les doses indiquées sur le paquet. Une plante verte a besoin d'un engrais riche en azote (N). Une potée fleurie demande plus de potasse (K) et de phosphore (P).

❷ Dans un angle du bac, délimite un massif avec les pierres.

❸ Pose les plantes avec leur pot, en les groupant par espèces.

❹ Comble l'espace entre les potées avec du sable bien lavé. Dans la partie libre, étale 1 cm de sable.

❺ Remplis l'aquarium avec de l'eau jusqu'au rebord supérieur des pots.

❻ Installe les plantes aquatiques et la mousse.

❼ De temps à autre, rajoute un peu d'eau. C'est tout !

Des lianes dans la maison

Si tu les laisses faire, elles courent et grimpent partout ou retombent des meubles en cascades vertes ou fleuries. Mais leurs longues tiges grêles se guident facilement pour suivre ta fantaisie. Ce sont des plantes à croissance rapide. N'hésite pas à les tailler pour qu'elles gardent un aspect ramifié.

Pothos retombant

Pothos tuteuré

Le philodendron

Très vite imposant et envahissant quand il se plaît, installe-le dans une grande pièce bien éclairée. Tuteure les nouvelles pousses au fur et à mesure de leur croissance. Attends que la terre du pot sèche avant d'arroser.

Tuteurage

Avec cette technique, fini les plantes qui retombent dans le passage ou qui prennent un aspect un peu trop penché. Enfonce dans la terre du pot des tuteurs en bambou ou en acier enrobé de plastique, sur lesquels tu fixes (sans les serrer) les jeunes tiges avec des liens en raphia ou en plastique.

Fabrique un tuteur mousse

Il est recommandé pour les lianes à racines aériennes, qui, en s'y fixant, trouvent une humidité bénéfique à leur croissance.

Il te faut :
- un tuyau perforé en PVC, coupé à la longueur souhaitée ;
- de la mousse lachetée chez un fleuriste ou récoltée dans un bois) ;
- du grillage plastifié fin ;
- des liens.

❶ Enveloppe le tuyau avec les plaques de mousse et attache-les. Ne recouvre pas la partie du tuyau qui sera enfoncée dans la terre du pot.

❷ Étends le grillage à plat sur le sol. Consolide le tuteur en l'entourant avec le grillage.

❸ Lors du rempotage (voir p. 11), installe le tuteur et applique les tiges sur le grillage avec les liens.

Le palissage

Cette opération consiste à étirer doucement puis à fixer avec des liens en plastique les tiges de ta plante contre un support (fil de fer ou treillage), adossés ou non à un mur.

Le pothos

Tu peux le palisser sur un tuteur en mousse ou le laisser retomber. Il aime une lumière vive, sans soleil direct. Arrose-le avec modération. C'est un gourmand qui pousse vite : tous les 15 jours, donne-lui un engrais azoté.

La chaîne-des-cœurs

Il est préférable de la planter dans une suspension où elle peut développer ses très longues tiges. Donne-lui beaucoup de lumière et peu d'eau. Elle peut vivre 2 ou 3 ans dans le même contenant.

Les filles de l'air

Dans la nature, elles vivent accrochées aux arbres ou aux rochers et elles se nourrissent des matières en décomposition qui se trouvent dans l'air. Dans la maison, elles n'ont besoin que d'un faible volume de terre légère et bien drainée. Elles apprécient une lumière vive et une hygrométrie élevée.

Le tillandsia « barbe-de-vieillard »

Il n'a pas de racines et il vit sans terre. Fixe-le près d'une fenêtre, à l'abri du soleil direct. Tous les jours, pulvérise de l'eau non calcaire sur les feuilles. En été, ajoute un engrais foliaire dans l'eau, une fois tous les 10 jours.

Ce produit, riche en éléments nutritifs, est absorbé directement par les feuilles de la plante.

Truc et astuce

Pour augmenter l'hygrométrie, tu peux vaporiser régulièrement de l'eau à la température de la pièce sur le feuillage (jamais sur les fleurs) de tes plantes. Pour t'éviter cette corvée, rassemble tes plantes les plus exigeantes en humidité atmosphérique sur un grand plateau à bord haut, rempli de billes d'argile expansée et d'eau.

Pince souvent les tiges pour les forcer à se ramifier : coupe l'extrémité des pousses avec tes ongles, juste au-dessus d'une paire de feuilles.

La misère

Pour obtenir une belle cascade de feuillage, installe-la sur une console, en pleine lumière. Donne de l'engrais tous les 10 jours, sauf en hiver. Arrose des que le sol s'assèche.

L'hygrométrie

Ce terme désigne le pourcentage de vapeur d'eau contenu dans l'air ambiant. Certaines plantes ont besoin de beaucoup d'humidité pour bien pousser. C'est le cas des tillandsias, des bégonias, du croton ou des fougères.

Le bégonia   Le croton   La fougère

Le coleus bigarré

Pour lui garder ses couleurs extraordinaires, donne-lui beaucoup de soleil. En été, ne laisse pas la motte sécher. Fais un apport d'engrais tous les 10 jours et supprime les fleurs, beaucoup moins belles que le feuillage.

Les amusantes

Elles se distinguent par un feuillage aux couleurs étonnantes ou aux formes surprenantes, par une floraison fantaisiste ou par un comportement inhabituel. Malgré leur drôle d'aspect, ce sont toujours des végétaux à part entière. Soigne-les bien, comme les autres.

La plante « pantoufle »

On appelle ainsi la calcéolaire. Sa durée de vie est courte. Pour prolonger la floraison en ballons, mets ta potée dans une pièce claire et fraîche. Arrose souvent pour garder le sol à peine humide. Quand les fleurs sont fanées, jette la plante.

La sensitive

Elle bouge et plie ses feuilles dès que tu la frôles ! Une demi-heure après, elle reprend un aspect normal. Installe-la derrière une fenêtre en plein soleil. Arrose quand la terre est sèche et renouvelle ta potée tous les 2 ans.

Le greffage du cactus

Le cactus « banane » et le cactus « fraise » sont dépourvus de chlorophylle. Il faut les greffer pour qu'ils vivent et pour les multiplier. Effectue cette opération en juin.

Cactus fraise

Le porte-greffe

Choisis une espèce de cactus robuste, en forme de cierge (Cereus ou Trichocereus), d'une hauteur de 10 à 15 cm.

Trichocereus spachianus

Cactus banane

❶ *Coupe le porte-greffe et le greffon horizontalement.*

❷ *Avec un cutter, égalise la coupe et élimine les épines supérieures.*

❸ *Pose le greffon sur le porte-greffe en faisant coïncider les centres des plantes. Pour que les tissus adhèrent bien, pose un élastique sur la greffe pendant 15 jours.*

Place ton cactus en pleine lumière, derrière une fenêtre. Arrose-le quand le sol est bien sec, sans laisser d'eau dans la soucoupe.

Cultive une carnivore

La dionée attrape-mouches doit être plantée en plein soleil, dans un mélange de tourbe, de sphagnum et de sable. Arrose souvent avec de l'eau douce pour garder le sol humide. En été, laisse de l'eau dans la soucoupe. En hiver, la plante disparaît. Conserve-la dans le bas du réfrigérateur jusqu'au printemps suivant.

Quand un insecte touche les cils du piège à 2 lobes, ce dernier se referme en 1/30 de seconde ! La feuille dépérit après avoir mangé 4 insectes. Pour une plante à 4 ou 5 tiges, ne donne pas plus de 2 mouches par mois en été.

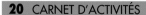

Les plantes-mères

Belles, résistantes et extrêmement faciles à cultiver, elles ont un petit « plus », qui fait vraiment tout leur charme : elles produisent très vite une profusion de bébés identiques. Tu auras tellement de plantes que tu pourras en donner à tous tes amis.

La poule-et-ses-poussins

C'est le surnom du tolmiea, une petite plante curieuse qui développe des plantules au centre des feuilles adultes. Elle aime la fraîcheur et la mi-ombre. Ne l'expose jamais en plein soleil. La terre du pot doit rester un peu humide.

La phalangère

C'est une espèce vigoureuse, qui apprécie un emplacement très éclairé, à l'abri du soleil. Arrose sans excès, quand la terre du pot est sèche. En été, donne de l'engrais tous les 15 jours et vaporise souvent le feuillage.

Le kalanchoé

Beaucoup de soleil et des arrosages très réduits : voilà ce dont a besoin cette grande plante grasse vraiment pas difficile. Les « bébés » se détachent facilement. Quand ils tombent dans un pot voisin, ils envahissent vite tout l'espace !

Le kalanchoé Hurricane

Le kalanchoé Beta

Le kalanchoé Wendy

Des plantes à l'infini

Il existe de nombreuses techniques de reproduction pour multiplier
les plantes d'intérieur.

Le bouturage

❶ *Prélève sur la plante-mère une feuille avec un bout de pétiole (petit fragment de tige situé à la base) ou un morceau de tige pourvu de feuilles.*

❷ *Élimine les feuilles à la base de la bouture.*

❸ *Place le fragment dans un pot, en l'appliquant contre la paroi.*

❹ *Remplis de terreau que tu tasses contre la bouture.*

❺ *Arrose. La reprise s'effectue en quelques semaines.*

Le marcottage

❶ *La phalangère émet des rejets aériens, à l'extrémité de grandes tiges pendantes.*

❷ *Dès que les touffes ont pris de l'ampleur, pose-les chacune sur un petit pot rempli de terreau humide.*

❸ *Quand les racines sont formées, coupe les tiges qui les relient au pied-mère.*

La division de touffe

Il s'agit de fractionner une grosse plante en morceaux, qui donneront chacun une nouvelle plante identique.

❶ *Divise ta potée au printemps. Commence par dépoter la plante.*

❷ *Fractionne la souche avec tes mains ; tu peux t'aider d'un couteau. Chaque fragment doit avoir des feuilles, une tige et des racines.*

❸ *Rempote-le aussitôt et soigne-le comme la plante-mère.*

Le dieffenbachia

Des beautés dangereuses

Parmi les plantes courantes
disponibles en permanence dans
le commerce, tu dois savoir que
certaines ont des effets toxiques.
Quelques-unes peuvent
te blesser méchamment avec
leurs piquants ou leurs feuilles
pointues. Un jardinier averti
en vaut deux... Alors, prends
quelques précautions
et tout se passera très bien.

L'ananas

*L'étoile
de Noël*

Attention, poison !

En général, c'est la sève contenue
dans les tiges et le feuillage qui
présente un réel danger. Tous les
fruits sont toxiques aussi. Quelle
que soit la partie du végétal
(feuille, tige, fleur ou fruit), il ne faut
ni la manger, ni la sucer ! Lave-toi
les mains après avoir touché
un végétal toxique. Et ne laisse
pas ton chien ou ton chat
goûter à tes plantes...
Les plus
redoutables sont
le dieffenbachia,
l'étoile de Noël
et le pommier d'amour.

Le nertera   *Les cactées*

Le yucca

Le cycas

Pour le plaisir des yeux

Elles ne sont pas nombreuses les plantes d'intérieur qui se couvrent de fruits. Pour bien les réussir, installe-les dans une pièce fraîche, très bien éclairée. Arrose-les sans excès, en laissant la terre du pot s'assécher en surface. Elles fleurissent toutes en été et elles gardent leurs fruits tout l'hiver.

L'ardisia, le pommier d'amour et le nertera sont les plus jolies et les plus faciles à cultiver.

Attention, quelle que soit l'espèce que tu cultives, ne croque jamais les fruits !

Qui s'y frotte s'y pique !

Les feuilles ou les tiges de ces plantes, souvent très décoratives, sont couvertes d'épines ou d'aiguillons plus ou moins grands et acérés. Il est prudent de porter une paire de gants pour les déplacer et chaque fois que tu t'en occupes. Dans la maison, installe-les un peu à l'écart des zones de passage. Fais très attention avec l'ananas, toutes les cactées, le cycas et le yucca.

Le pommier d'amour

L'ardisia

Les miniplantes d'intérieur

Ce sont de véritables modèles réduits, obtenus par les horticulteurs. Elles sont en tous points identiques aux plantes normales de plus grande taille. Mais si tu les soignes bien, tu t'apercevras qu'elles perdent en quelques mois leur petite taille pour reprendre des dimensions plus imposantes.

Des soins particuliers

Ces miniatures ont les mêmes besoins vitaux que les plantes de taille normale, mais elles sont un peu plus fragiles. Évite les courants d'air et le soleil direct. Surveille l'arrosage. Le pot est si petit que la terre sèche vite. Enlève toutes les fleurs fanées.

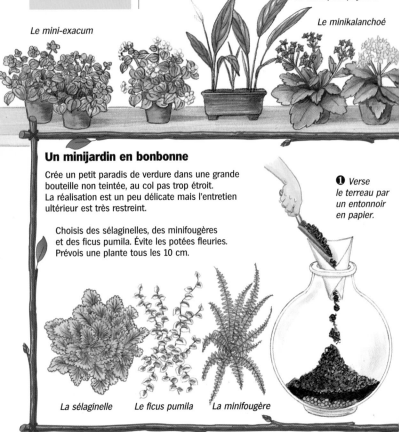

Le minispathiphyllum

Le minikalanchoé

Le mini-exacum

Un minijardin en bonbonne

Crée un petit paradis de verdure dans une grande bouteille non teintée, au col pas trop étroit. La réalisation est un peu délicate mais l'entretien ultérieur est très restreint.

Choisis des sélaginelles, des minifougères et des ficus pumila. Évite les potées fleuries. Prévois une plante tous les 10 cm.

❶ Verse le terreau par un entonnoir en papier.

La sélaginelle   Le ficus pumila   La minifougère

Le bon choix

Tu peux trouver une large gamme de miniplantes dans les jardineries. Mais la plupart n'ont qu'une durée de vie très courte. Voici les plus résistantes et les plus florifères :
- le minikalanchoé
- le minisaintpaulia
- le mini-exacum
- le minispathiphyllum

Le minisaintpaulia

❸ *Plante d'abord près de la paroi, en utilisant une fourchette et une cuillère fixées sur des baguettes.*

❹ *Arrose avec précaution, sans détremper le sol. Ferme le récipient.*

❷ *Avec 2 baguettes, introduis au fur et à mesure les miniplantes.*

Installe ta bonbonne dans un endroit très éclairé, à l'abri du soleil. L'entretien de ce jardin sous verre est réduit. Taille les plantes qui deviennent trop envahissantes. Quand le sol s'est desséché, fais un apport d'eau. Tous les 2 ou 3 mois, nettoie l'intérieur de la paroi en verre avec un chiffon humide.

Faciles à cultiver

Les légumes

Le gingembre

L'avocat

La patate douce   Le taro

Les fruits

La datte fraîche

Le litchi

L'orange   Le citron

Le pamplemousse

L'ananas

La mangue

Les insolites

Pour les obtenir, il faut te transformer en champion de la récupération et en jardinier aux « doigts verts ». Garde et sème les pépins ou les noyaux des fruits exotiques que tu manges, repique les tubercules utilisés en cuisine. En quelques mois, tu pourras exhiber des petites plantes, belles et originales, qui surprendront ta famille et tes amis.

Un avocatier à la maison

Un noyau d'avocat peut donner un superbe petit arbre d'intérieur, qui atteindra 2 ou 3 m.

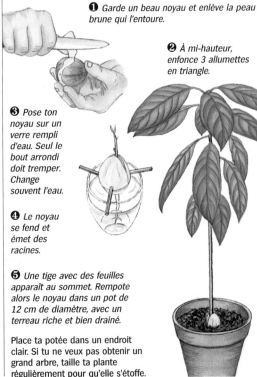

❶ *Garde un beau noyau et enlève la peau brune qui l'entoure.*

❷ *À mi-hauteur, enfonce 3 allumettes en triangle.*

❸ *Pose ton noyau sur un verre rempli d'eau. Seul le bout arrondi doit tremper. Change souvent l'eau.*

❹ *Le noyau se fend et émet des racines.*

❺ *Une tige avec des feuilles apparaît au sommet. Rempote alors le noyau dans un pot de 12 cm de diamètre, avec un terreau riche et bien drainé.*

Place ta potée dans un endroit clair. Si tu ne veux pas obtenir un grand arbre, taille ta plante régulièrement pour qu'elle s'étoffe.

Le bouturage de l'ananas

Avec le toupet de feuilles, tu obtiendras
une belle plante verte, robuste,
mais un peu piquante.

❶ *Coupe la touffe de feuilles
en gardant 1 cm de chair.*

❷ *Laisse sécher
la plaie.*

❸ *Enfonce dans
la terre la base de
la bouture, sans
enterrer le feuillage.*

❹ *Arrose
copieusement.*

❺ *Enveloppe le pot
dans un sac plastique
transparent, puis
laisse la potée en
pleine lumière, à l'abri
du soleil.*

❻ *Quand des nouvelles
feuilles apparaissent,
enlève le sac.*

Installe ta plante dans une
pièce claire, près d'une fenêtre.
Arrose quand la terre du pot
sèche en surface. En été,
pulvérise de l'eau sur les feuilles
tous les jours et donne de
l'engrais tous les 15 jours.

SOS plantes d'intérieur

Surveille bien tes plantations car, malgré tes bons soins, elles ont des ennemis redoutables qui peuvent les attaquer à tout moment. Apprends à les reconnaître pour mieux lutter et soigner tes plantes préférées.

Ennemis, maladies		Symptômes
Le manque d'eau		La plante s'affaisse. Son feuillage pâlit.
L'excès d'eau		Identiques à ceux d'un manque d'eau.
Le manque de lumière		La floraison s'arrête, la croissance de la plante s'interrompt.
L'excès de lumière		Des taches brunes apparaissent sur les feuilles.
La chlorose		Les feuilles jaunissent mais les nervures restent vertes.
Le blanc		La plante se couvre d'un duvet blanc.
La fumagine		Une poussière noire et collante recouvre les tiges et les feuilles.
Les araignées rouges		Le revers des feuilles est couvert de fines toiles d'araignées. Les feuilles sèchent et tombent.
Les cochenilles		Insectes à carapace cireuse ou à aspect laineux, plaqués sur les tiges.
Les pucerons		Noirs ou verts, ils s'amassent aux extrémités des pousses.
Les mouches blanches		Elles vivent en colonies au revers des feuilles dont elles sucent la sève.

	Traitement
	Un bon arrosage.
	Réduis les arrosages. Il est difficile de sauver la plante.
	Place la potée dans une pièce plus éclairée ou derrière une fenêtre.
	Déplace la potée dans un endroit abrité des rayons du soleil. Ôte les feuilles brûlées.
	Arrose avec de l'eau non calcaire, applique un produit anti-chlorose.
	Utilise un fongicide, en respectant les doses indiquées sur l'emballage.
	Élimine le dépôt avec une éponge humide.
	Avant d'utiliser un produit traitant, vaporise souvent le feuillage avec de l'eau.
	Traite avec un insecticide spécifique.
	Utilise un insecticide en cas de forte attaque.
	Pose un piège collant de couleur jaune vif.

Le calendrier des soins

Au **printemps,** rempote, taille, reprends les apports d'engrais, augmente les arrosages.

En **été,** arrose et brumise le feuillage souvent, augmente les apports d'engrais. Sors tes plantes dans le jardin, à mi-ombre. Protège-les du soleil. Multiplie celles que tu préfères.

En **automne** arrête les apports d'engrais. Rentre toutes les plantes sorties dans le jardin. Achète des nouvelles potées.

En **hiver** réduis les arrosages. Vaporise de l'eau sur le feuillage des plantes. Installe tes potées en pleine lumière.

Index

Lorsque tu as réalisé une plantation, coche le ☐ correspondant.

© 1998 Éditions MILAN – 300, rue Léon-Joulin, 31101 Toulouse Cedex 1 France
Droits de traduction et de reproduction réservés pour tous les pays.
Toute reproduction, même partielle, de cet ouvrage est interdite.
Une copie ou reproduction par quelque procédé que ce soit, photographie, microfilm,
bande magnétique, disque ou autre, constitue une contrefaçon passible des peines prévues
par la loi du 11 mars 1957 sur la protection des droits d'auteur.
Loi 49.956 du 16.07.1949
Dépôt légal : 3e trimestre 1998
ISBN : 2.84113.629.9
Imprimé en Italie
par G. Canale & C. S.p.A., Borgaro T.se, Turin.